RÉPONSE

D'UN

CHRÉTIEN PATRIOTE

A M. LAPONNERAYE.

A PARIS,

AU BUREAU DE PUBLICATION DES ÉVANGILES,
Rue Hautefeuille, 14.

1837.

Imprimerie de Terzuolo, rue de Vaugirard, 11.

RÉPONSE

D'UN

CHRÉTIEN PATRIOTE

A M. LAPONNERAYE.

AUX PATRIOTES.

Frères :

Un écrivain a attaqué violemment des hommes dont personne ne met en doute ni la probité ni les intentions pures, et des croyances qu'il aurait dû respecter, puisqu'elles sont celles de l'immense majorité des Français.

Un jour viendra, qui n'est pas loin peut-être, où la patrie aura besoin de votre courage pour la défendre et de votre prudence pour la régénérer.

C'est donc votre devoir de peser mûrement et de discuter sans préventions les doctrines et les principes qui se posent devant vous; par là vous pourrez éviter bien des hésitations, qui, au jour du combat, sont mortelles.

Le sujet qui sera traité dans cet écrit est grave; tellement qu'il occupe aujourd'hui l'attention des hommes les plus honnêtes. Ne dites pas : Que m'importe telle ou telle doctrine religieuse! mais songez qu'il n'y a jamais eu au monde une institution sociale qui ne fût la conséquence d'une doctrine religieuse.

Lisez donc attentivement jusqu'à la fin, et portez votre jugement sans passion et sans partialité.

Votre devoir vous le prescrit, un frère dévoué vous en conjure.

Avant d'entrer en matière, il est bon de faire connaître au lecteur les trois lettres suivantes; elles sont l'avant-propos obligé de celle que j'écris aujourd'hui; elles en feront connaître le motif et pressentir le but.

I. *Lettre de M. Laponneraye à M. Belloc, à l'occasion d'un article que ce dernier avait présenté au rédacteur de l'Intelligence.*

Paris, 26 octobre 1837.

Monsieur.

Je vous dois mille excuses pour le long retard que j'ai mis à vous répondre; mais ce retard ne doit être attribué qu'à mes nombreuses occupations.

J'ai lu avec beaucoup d'intérêt l'article que vous avez eu la bonté de me remettre. Je le trouve trop long pour être inséré; il faudrait que vous prissiez la peine de le réduire, et alors je me ferai un véritable plaisir de le livrer à la publicité. Voulez-vous passer au bureau du journal lundi prochain? nous causerons de votre article. Je pars ce soir pour Orléans; il ne m'est pas possible de vous voir avant lundi.

A vous de tout cœur.

LAPONNERAYE.

II. *De M. Belloc à M. Laponneraye.*

28 octobre 1837.

Monsieur,

Je suis profondément convaincu que les malheurs des classes pauvres viennent bien plus de leur propre égoïsme que de celui des riches; car, que seraient les riches devant les pauvres, si ceux-ci n'étaient désunis?

Je sentais le besoin d'un journal qui travaillât franchement à guérir ce fatal égoïsme, et qui prêchât la morale de la fraternité, seul remède aux maux qui nous accablent.

L'*Intelligence* parut; vous y affirmiez cette morale comme le *critérium* universel; vous y déclariez que votre but était de la faire comprendre, et de la faire triompher envers et contre tous; je vis là un progrès, un acte de bonne volonté, et j'accueillis votre journal avec espérance.

Chrétien et catholique, je savais combien il m'en avait coûté de peines et d'études pour en revenir enfin à la foi de nos pères, et je m'étonnais peu de vous voir accepter la moitié de l'Évangile et rejeter l'autre : j'avais été long-temps dans la même position.

Mais si vous n'affirmiez pas le Christianisme, au moins vous ne disiez rien contre lui; je ne vis donc aucun incon-vénient à vous offrir ma collaboration; je vous parlai même de celle de quelques amis, plus dévoués, certes, et plus savants que moi.

Je n'hésitai pas à vous présenter un article.

Mais depuis lors notre position respective a bien changé.

Votre dernier numéro contient un examen de l'*Intro-duction* à la lecture des saints Évangiles, qui met entre nous une barrière infranchissable.

Permettez-moi de vous le dire, monsieur, si cet examen ne décélait qu'une grande ignorance historique, un défaut absolu d'études philosophiques, et une absence de logique complète, tout ce que vous y dites serait pardonnable; mais tant s'en faut qu'il en soit ainsi.

Vous argumentez sur des points que n'ont jamais avancés les hommes que vous attaquez; vous affirmez des choses que vous savez être fausses; vous calomniez, par consé-quent, ceux dont, entre nous, *vous ne vous faites pas scru-pule de copier les livres*; ce sont là des actes peu charita-bles, et peu conformes à la loi morale que vous procla-mez, et qui vous juge aussi bien que nous.

Ne vous étonnez donc pas, monsieur, de l'insistance que je mets à vous redemander l'article que je vous ai confié, article auquel, si ce n'était la circonstance ac-tuelle, je n'attacherais aucune valeur. Je vous l'avais de-mandé le lendemain du jour où j'avais lu votre numéro 4, et je n'avais pas cru devoir alors vous importuner de re-proches inutiles; c'est seulement parce que je devais vous exposer le motif qui m'empêche d'accepter votre rendez-vous, que j'ai cru devoir entrer avec vous dans ces dé-tails.

J'ai l'honneur de vous saluer.

H. BELLOC.

III. *Réponse de M. Laponneraye.*

Paris, le 29 octobre 1837.

Monsieur,

La persistance que vous mettez à redemander votre article est parfaitement inutile, car je ne fais nulle difficulté pour vous le rendre. Veuillez donc le faire reprendre au bureau de l'*Intelligence*, il est à votre disposition.

Je suis obligé, monsieur, de vous faire observer que le ton d'aigreur qui règne dans votre lettre n'est point du tout le fait d'un homme qui, comme vous, se fait le sectateur d'une religion d'abnégation, d'humilité et de charité.

Quoi! vous êtes dévot, et vous vous emportez!

Si mon article sur l'*Introduction* de MM. Buchez et Roux allume si fort votre courroux, que ne prenez-vous la plume pour me combattre! le champ est libre.

J'ai l'honneur de vous saluer.

LAPONNERAYE.

A M. LAPONNERAYE.

Monsieur,

Votre dernière lettre provoque de ma part une réponse.

Je suis fâché que vous ayez affecté de prendre dans cette lettre le ton plaisant et railleur; je vous avais écrit, je pense, des choses assez graves pour que vous y répondissiez autrement que par un quolibet.

Si je voulais le prendre sur le même ton, je vous répondrais par l'anecdote suivante, que je veux vous raconter, tout en déclarant qu'elle ne tire pas à conséquence.

Je ne sais quel président disait un jour à un procureur : « Maître un tel, vous êtes un fripon. — Ah! repartit l'homme de chicane, le sourire sur les lèvres, monsieur le président a toujours le mot pour rire. »

Mais ce n'est pas pour nous prouver mutuellement notre érudition que nous entretenons correspondance ; je passe donc immédiatement à un sujet plus grave.

Et d'abord : une discussion ne peut être fructueuse qu'autant que les deux adversaires reconnaissent un principe commun, et qu'ils diffèrent seulement sur les conséquences de ce principe. Faute de ce juge souverain entre les deux combattants, la discussion n'est plus possible, mais seulement la dispute.

Vous proclamez la morale comme *critérium* (1) universel. Je la reconnais également pour juge souverain en toutes choses; j'accepte votre défi.

C'est donc à l'aide de cette morale que je vais vous juger, en jugeant votre journal, qui n'est autre chose que vous-même.

Un mot d'abord sur notre principe commun :

Dans votre premier numéro, vous dites, la morale est le *critérium* universel.

Je vous ferai remarquer, pour simple mémoire, que cette idée et les termes mêmes qui l'expriment appartiennent exclusivement aux hommes que vous attaquez. C'est dans leurs livres, et dans leurs livres seulement, que vous avez pris cette idée et ces termes; pourquoi ne l'avez-vous pas déclaré?

Vous commencez votre journal par un plagiat.

Non-seulement vous vous emparez à votre profit du fruit du travail de ces hommes, mais vous ne vous faites guère faute de les injurier ensuite; c'est une conduite peu digne d'éloges; mais passons.

Lorsque je vis votre prospectus, votre titre frappa d'abord mon attention.

Immédiatement je vous jugeai fédéraliste !

Examinons en effet ce titre :

L'INTELLIGENCE.

Mais, monsieur, qu'y a-t-il au monde de plus individuel que l'intelligence? Quoi de plus inégalement réparti entre les hommes? Qu'y a-t il de commun entre l'intelligence d'un homme et celle d'un autre?

(1) On entend par *critérium* la règle à l'aide de laquelle on distingue le bien du mal, le vrai du faux.

Si M. Guizot faisait un journal il ne prendrait pas un autre titre. Que proclament en effet les doctrinaires grands et petits? La souveraineté de l'intelligence, la domination des inintelligents par les intelligents, et c'est là tout leur système politique. C'est là la différence radicale qui les sépare de tous les hommes dévoués et unitaires.

C'est la négation la plus absolue de la loi morale, qui veut qu'on distingue chacun par ses œuvres et non par son savoir.

En général, personne n'est plus intelligent qu'un fripon.

Lacenaire avait beaucoup d'intelligence.

Brissot et son parti avaient beaucoup d'intelligence et de savoir.

Les doctrinaires actuels, les descendants de Brissot, sont beaucoup plus intelligents en général que leurs adversaires, etc., etc.

Votre titre est donc doctrinaire et fédéraliste.

Voyons votre sous-titre :

JOURNAL DU DROIT COMMUN !...

Si vous eussiez mis journal du droit, tout court, vous eussiez révolté toute âme honnête ; mais enfin, cela aurait eu un sens. Vous avez voulu ajouter un palliatif, et vous avez écrit journal du droit commun.

Or, un droit étant essentiellement individuel de sa nature (1), les deux qualifications individuel et commun se détruisent, et par conséquent votre sous-titre ne signifie absolument rien en français.

Les droits peuvent être semblables, mais ils ne peuvent être communs.

Les hommes ne peuvent avoir de commun que l'origine et le but : l'origine, qui les fait enfants d'un même père ; et le but, qui leur impose le devoir commun de réaliser dans le monde les conséquences de cette origine, c'est-à-dire la loi sociale de la fraternité.

(1) Vous déclarez, et vous avez raison, que *tout droit émane d'un devoir accompli.* Nul ne peut donc réclamer un droit avant d'avoir accompli un devoir correspondant, et ce droit, récompense d'un devoir accompli par un individu, est nécessairement individuel.

Passons à votre épigraphe :

> L'homme ne vit pas seulement de pain,
> il vit d'intelligence.   (JÉSUS-CHRIST.)

Oh ! monsieur, de quel Jésus-Christ nous parlez-vous donc là ? Et y aurait-il eu par le monde un Jésus-Christ philosophe du droit commun qui ne sût pas sa langue ? Assurément, ce n'est pas de l'auteur divin de la morale évangélique que vous voulez parler.

Quelque peu de respect que vous puissiez avoir pour lui, je ne comprendrais pas l'intérêt que vous auriez à parodier l'une de ses plus admirables paroles d'une façon si grotesque.

L'homme vit d'intelligence !... Mais, monsieur, il n'y a pas un enfant de dix ans qui ne sache que l'intelligence est une des facultés de l'homme, celle qui le distingue des animaux.

Et comment donc vivre d'une faculté ? Si vous eussiez dit que l'homme vit de ce qui peut alimenter cette faculté, votre phrase eût signifié quelque chose ; mais la faculté de comprendre, qu'on nomme l'intelligence, ne peut pas plus nourrir l'homme que la faculté de digérer.

Vous auriez beau posséder cette dernière faculté au plus haut point, s'il n'y avait rien dans votre estomac, vous péririez.

Votre épigraphe est donc de même force et de même valeur que votre titre et votre sous-titre.

Je vous le répète, je fis ces réfléxions dès que je vis votre prospectus. Quelques amis, qui étaient là, me dirent qu'il ne fallait pas vous juger trop sévèrement, que vous pouviez bien être un mauvais philosophe et un mauvais grammairien tout en étant un homme honnête et dévoué ; je me rendis à leurs raisons, et j'attendis.

Aujourd'hui, il ne peut plus rester aucun doute ; les cinq numéros de votre journal qui ont paru mettent quiconque veut juger avec sang-froid et impartialité, à même d'apprécier la valeur et la moralité de votre enseignement.

C'est ce que je vais essayer de faire.

Le thème dont je me servirai pour vous combattre, sera l'article que vous avez publié dans votre quatrième numéro, sur l'introduction à la lecture des saints Évangiles par MM. Buchez et Roux, me réservant d'examiner ensuite ce que nous devons penser de votre journal lui-même.

MM. Buchez et Roux sont des hommes auxquels personne ne conteste un talent très-supérieur, une science très-vaste et une probité à toute épreuve. En outre, ils ont fait depuis long-temps leurs preuves comme patriotes, et c'est encore là ce que chacun sait.

Ces motifs étaient suffisants, je pense, pour vous engager à ne pas les traiter avec la légèreté qui caractérise votre compte rendu.

Le travail dont ils ont fait précéder les saints Évangiles est une œuvre grave. Après avoir exprimé leur façon d'envisager le catholicisme et l'influence qu'il a eue sur les destinées de la France; après avoir montré que c'est ce catholicisme qui a fondé la nation française, et qui l'a retenue au bord de l'abîme, où l'égoïsme de ses chefs, rois, nobles ou prêtres, l'a poussée tant de fois; ils proposent un projet de réforme industrielle et sociale suivant la morale évangélique, c'est-à-dire suivant la morale de la liberté, de l'égalité et de la fraternité.

Ils disent que ce projet est déjà en exécution et qu'il prospère; ces choses méritaient bien que vous en dissiez quelques mots : car qu'est-ce qu'un compte-rendu où l'on ne parle pas des conclusions de l'auteur? et que peut-il prouver alors, si ce n'est de la légèreté, de la colère ou de l'envie?

Quoi qu'il en soit, ce compte-rendu peut se résumer dans les trois propositions suivantes :

1° Jésus-Christ n'est pas le fils de Dieu;

2° Le Christianisme est absurde, parce qu'il suppose la foi qui est absurde ;

3° La révolution française a eu lieu en niant le Christianisme, et n'a eu lieu que parce que le Christianisme avait été nié.

Passons donc successivement en revue ces trois assertions, dont il ne me sera pas difficile de démontrer la fausseté.

Pour étayer la première, vous dites :
Depuis Arius jusqu'à Rousseau, combien d'écrivains

ont combattu victorieusement la divinité de Jésus-Christ !

Si je voulais accepter la discussion sur ce terrain, je pourrais vous répondre :

Je ne connais pas plus que vous les arguments victo-rieux d'Arius. Tout ce que je sais, c'est qu'aujourd'hui personne, à l'exception de quelques hommes spéciaux, ne connaît seulement son nom.

Ce que je sais, c'est que tous les pays qui ont embrassé sa doctrine et nié avec lui la divinité du Christ, sont maintenant Mahométans, c'est-à-dire reconnaissent l'esclavage de l'homme et de la femme, le droit de vie et de mort du maître sur l'esclave, et que toutes leurs institutions sont en rapport avec ces bases ;

Ce que je sais, c'est que ces mêmes Mahométans, les descendans d'Arius le grand philosophe, sont aujourd'hui obligés d'emprunter leurs ouvriers, leurs artistes, leurs médecins, leurs ingénieurs, leurs généraux, etc., etc., au peuple imbécile qui a cru à la divinité du Christ et combattu quatorze siècles pour réaliser la parole de son maître.

Voyons maintenant l'opinion de Rousseau sur la même question :

Je vous dirai d'abord, monsieur, que votre citation est faite avec peu de bonne foi. En effet, ce n'est pas là la conclusion du vicaire savoyard, c'est tout simplement une objection qu'il se pose en recherchant la vérité. Après cette objection, et bien d'autres encore, comment conclut-il ce remarquable discours ?

Que vous l'ayez oublié, monsieur, ou que vous l'ayez omis à dessein, ce que je ne veux pas rechercher, le voici :

« D'ailleurs je vous avoue que la sainteté de l'Évangile est un argument qui parle à mon cœur, et auquel j'aurais même regret de trouver quelque bonne réponse. Voyez les livres des philosophes avec toute leur pompe ; qu'ils sont petits près de celui-là ! Se peut-il qu'un livre à la fois si sublime et si simple soit l'ouvrage des hommes ? Se peut-il que celui dont il fait l'histoire ne soit qu'un homme lui-même ? Est-ce là le ton d'un enthousiaste ou d'un ambitieux sectaire ? Quelle douceur, quelle pureté dans ses mœurs ! quelle grâce touchante dans ses instructions !

quelle élévation dans ses maximes ! quelle profonde sagesse dans ses discours ! quelle présence d'esprit, quelle finesse et quelle justesse dans ses réponses ! quel empire sur ses passions ! Où est l'homme, où est le sage qui sait agir, souffrir et mourir sans faiblesse et sans ostentation ? Quand Platon peint son juste imaginaire couvert de tout l'opprobre du crime, et digne de tous les prix de la vertu, il peint trait pour trait Jésus-Christ : la ressemblance est si frappante, que tous les pères l'on sentie, et qu'il n'est pas possible de s'y tromper. Quels préjugés, quel aveuglement ou quelle mauvaise foi ne faut-il point avoir pour oser comparer le fils de Sophronisque au fils de Marie ! Quelle distance de l'un à l'autre ! Socrate mourant sans douleur, sans ignominie, soutint aisément jusqu'au bout son personnage ; et si cette facile mort n'eût honoré sa vie, on douterait si Socrate, avec tout son esprit, fut autre chose qu'un sophiste. Il inventa, dit-on, la morale ; d'autres avant lui l'avaient mise en pratique : il ne fit que dire ce qu'ils avaient fait, il ne fit que mettre en leçons leurs exemples. Aristide avait été juste avant que Socrate eût dit ce que c'était que justice ; Léonidas était mort pour son pays avant que Socrate eût fait un devoir d'aimer la patrie ; Sparte était sobre avant que Socrate eût loué la sobriété ; avant qu'il eût défini la vertu, la Grèce abondait en hommes vertueux. Mais où Jésus avait-il pris chez les siens cette morale élevée et pure dont lui seul a donné les leçons et l'exemple ? Du sein du plus furieux fanatisme la plus haute sagesse se fit entendre, et la simplicité des plus héroïques vertus honora le plus vil de tous les peuples. La mort de Socrate philosophant tranquillement avec ses amis est la plus douce qu'on puisse désirer ; celle de Jésus expirant dans les tourments, injurié, raillé, maudit de tout un peuple, est la plus horrible qu'on puisse craindre. Socrate prenant la coupe empoisonnée, bénit celui qui la lui présente et qui pleure ; Jésus, au milieu d'un supplice affreux, prie pour ses bourreaux acharnés. Oui, si la vie et la mort de Socrate sont d'un sage, la vie et la mort de Jésus sont d'un Dieu. Dirons-nous que l'histoire de l'Évangile est inventée à plaisir ? Mon ami, ce n'est pas ainsi qu'on invente ; et les faits de Socrate, dont personne ne doute, sont moins attestés que ceux de Jésus-Christ. Au fond, c'est reculer la difficulté sans la détruire ; il serait plus inconcevable que quatre hommes d'accord eussent fabriqué ce livre, qu'il ne l'est qu'un seul en ait fourni le sujet. Jamais des auteurs juifs n'eussent trouvé ni ce ton, ni cette morale ; et l'Évangile a des caractères de vérité si grands, si frappants, si parfaitement inimitables, que l'inventeur en serait plus étonnant que le héros. Avec tout cela, ce même Évangile est plein de choses incroyables, de choses qui répugnent à la raison, et qu'il est impossible à tout homme sensé de concevoir ni d'admettre. Que faire au milieu de toutes ces contradictions ? Être toujours modeste et circonspect, mon enfant ; *respecter en silence ce qu'on ne saurait ni rejeter ni comprendre, et s'humilier devant le grand Être qui seul sait la vérité.* »

Croyez-vous, monsieur, que ce soit là le langage d'un incrédule ?

Eh bien, ce qui suit est plus convaincant peut-être encore. Il dit littéralement que *sans la foi, nulle véritable vertu n'existe* ; et que sans la sanction la morale n'a plus de base :

« Philosophes, tes lois morales sont fort belles ; mais montre-m'en, de grâce, la sanction. Cesse un moment de battre la campagne, et dis-moi nettement ce que tu mets à la place du *Poul-Serrho* (1). »

Est-ce clair, monsieur ? est-ce précis ? Croyez-vous que ces arguments en faveur du Christianisme ne sont pas autrement convaincants que celui que vous avez cité contre ? Ce n'est pas quand on doute qu'on écrit de telles pages ; et quoi qu'il dise, quoi qu'il fasse pour exposer ses doutes, cette conclusion prouve évidemment que Rousseau était chrétien.

Si cependant quelque hésitation restait encore dans votre esprit, lisez sa Lettre à M. de Beaumont, archevêque de Paris ; vous verrez que là il fait un acte de foi en forme.

— Je suis chrétien, — dit-il à plusieurs reprises, et il s'offense qu'on en ait jamais douté.

---

(1) Pont sur lequel les Mahométans croient que passeront tous les hommes après leur mort. Les bons le passeront sans obstacle, mais les méchants tomberont dans l'abîme. C'est la sanction de la morale.

Rousseau, comme vous voyez, serait donc mon homme et non le vôtre (1).

Mais encore une fois ce n'est pas lui qui devait prononcer dans cette question, c'est le critérium que vous avez choisi, et je suis surpris que vous l'ayez sitôt oublié.

Non, monsieur, la question à résoudre n'était pas celle-ci : Rousseau admet-il ou rejette-t-il la divinité de Jésus-Christ? Tels et tels admettent-ils ou rejettent-ils cette même divinité? mais bien : La morale suppose-t-elle, oui ou non, que Jésus-Christ est fils de Dieu?

Examinons donc la question de ce dernier point de vue.

Je dis : Si la morale juge toutes choses, elle est obligatoire pour tous.

Or elle ne peut venir que des hommes ou de Dieu.

Si elle vient des hommes, elle ne peut juger toutes choses; elle ne peut juger ni ses inventeurs ni ses réformateurs. Donc il faut que vous admettiez que la morale vient de Dieu, ou vous auriez eu tort de l'accepter pour critérium universel.

En outre, il est incontestable et incontesté que des hommes ne peuvent avoir aucuns rapports entre eux sans une loi qui règle ces rapports. Or, la morale étant cette loi, vous voyez clairement que les premiers rapports des hommes entre eux supposent l'existence de la morale.

Donc, ce ne sont pas les hommes qui l'ont inventée.

Si c'étaient des hommes qui l'eussent faite, d'autres hommes la pourraient défaire. Et alors je ne comprends plus comment elle serait obligatoire.

Et quand un homme nouveau viendrait proposer une morale nouvelle, de quel droit cet homme, et le peu d'élèves qu'il peut faire pendant sa vie, pourraient-ils imposer à l'humanité *l'obligation* de croire à la parole nouvelle?

Vous êtes, je le pense, partisan de la souveraineté du peuple; si vous ne croyez pas à la divinité du Christ, les

______

(1) Du reste, Rousseau n'ayant pas écrit un seul argument qui'l ne l'ait détruit quelques lignes plus bas, je déclare que je n'attache aucune importance à son avis sur le sujet qui nous occupe.

décisions de la majorité doivent pour vous être souveraines, à peine d'être absurde.

Or, voici comme je raisonne :

Avant Jésus-Christ personne ne croyait que les hommes fussent frères et égaux (1). Il est venu dire : « Tous les hommes sont frères. » Quand il mourut il avait fait cent vingt élèves capables de transmettre son enseignement.

Ces hommes se mirent aussitôt à l'œuvre.

Eh bien, si Jésus-Christ était un simple philosophe, c'est un imposteur qui a dit : « Je suis Dieu ! » et je n'ai plus confiance en lui. Les apôtres étaient des factieux qui voulaient renverser ce que l'humanité entière acceptait ; ou bien ils étaient fous de se croire eux seuls plus sages que le genre humain ; ils étaient fous d'exposer leur vie pour faire prévaloir une doctrine dont, après tout, le monde s'était bien passé jusqu'à eux, et dont il ne voulait pas. Nous sommes fous nous-mêmes aujourd'hui de soutenir qu'ils avaient raison, puisque la majorité des hommes actuellement vivants rejette encore la morale de la fraternité.

Direz-vous qu'il ne faut pas invoquer le témoignage des peuples en dehors de l'Europe, dont la civilisation est peu avancée ? Alors je réponds : Il n'y a pas en Europe et en France un homme sur cent, peut-être, qui nie la divinité du Christ ; de quel droit la niez-vous ?

Je vous pose donc ce dilemne : Si vous invoquez le témoignage universel, vous êtes condamné, puisque vous croyez à la fraternité que ce témoignage repousse.

Si vous invoquez le témoignage des nations européennes, vous êtes condamné pour ne pas croire à la divinité du Christ, à laquelle croit l'immense majorité.

Que parlez-vous donc, après cela, de raison universelle ?

Vous invoquez les lumières du siècle ! mais les lumières du siècle n'ont rien à faire ici : car c'est la morale qui est le critérium et non la science ; vous l'avez dit vous-même. Je serais donc en droit, après ce qui précède, de récuser tout autre témoignage.

(1) M. Laponneraye l'a proclamé lui-même dans le numéro 1 de son journal.

Je ne le ferai pas, car vous pourriez dire que je recule devant la lumière de votre siècle éclairé.

Voici donc comme je lui répondrais :

Tous les grands inventeurs, ceux qui ont fondé la science moderne, et nos arts et notre littérature, étaient des gens à croyances religieuses profondes.

L'astronomie, la physique, la physiologie, la philosophie, la politique, l'art dramatique, l'architecture, ont été inventés par des chrétiens.

Que pensez-vous des Képler, des Ticho-Brahé, des Galilée, des Newton, des Herschell, des Haller, des Van-Helmont, des Staal, des Harvey, des Bacon, des Descartes, des Turgot, des Corneille, des Molière, des Racine, et de tant d'autres ?

Tous ces grands hommes sont pères des sciences et des arts modernes. Ce sont eux qui ont fait les inventions véritables, et tout ce qui a été fait depuis eux n'a été qu'un travail d'application des principes posés par leur génie.

Eh bien, ils croyaient tous à la révélation et à la divinité du Christ.

Convenez donc, monsieur, qu'il est difficile de tenir son sérieux, quand on envisage certains esprits forts, comme vous en connaissez, et moi aussi, que nous voyons chaque jour se battre les flancs pour trouver une idée sans y réussir, et qui, la tête haute, le sourire sur les lèvres, affectent du dédain pour les têtes faibles de ces bonnes gens qui avaient la simplicité de croire à la toute-puissance de Dieu.

Je crois donc, monsieur, que votre première assertion est complétement démentie, en même temps par les trois témoignages que vous invoquiez, — Rousseau, — la raison universelle, — et la science, — et par celui que vous n'invoquiez pas, je veux dire la morale.

Vous reprochez amèrement à l'Église catholique d'imposer ses dogmes, sans permettre à ses membres le droit d'examen. Vous auriez raison, monsieur, s'il en était ainsi ; mais, bien loin de là. Jamais une institution n'a permis une liberté de discussion aussi complète que l'Église catholique.

Chaque membre peut, avec bonne foi, exposer ses doutes à ses frères, pourvu qu'il le fasse avec humilité, et qu'il soit prêt à reconnaître son erreur, *si ses frères le condamnent.*

Cette institution catholique est donc véritablement le modèle de toutes les constitutions ayant pour base la souveraineté du peuple et l'unité.

Il n'est pas, vous devriez le savoir, un seul point de dogme, peut-être, qui n'ait causé des controverses nombreuses entre les hommes que l'Église compte au nombre de ses saints. Je suis surpris que vous soyez tombé dans une telle erreur, que la moindre étude pouvait vous faire éviter.

Voyons si vous êtes meilleur philosophe que savant historien.

Vous attaquez la définition de la foi que rapportent MM. Buchez et Roux d'après l'apôtre saint Paul.

Cette définition est la suivante :

« La foi est le fondement de ce que nous devons espérer et l'argument des choses invisibles. »

Et là dessus, monsieur, vous nous faites une discussion à perte de vue sur l'importance dont il est de « distinguer les choses invisibles qui existent des choses invisibles qui n'existent pas ! » En conscience, est-ce là un langage philosophique? Quelque bonne envie qu'on ait de tenir son sérieux dans une discussion si grave, je vous avoue que votre chose qui n'existe pas m'a semblé la plus drôle du monde, et que je n'ai pu l'apercevoir, cette délicieuse chose qui n'existe pas, sans être pris d'un accès de rire que réprouve peut-être la charité chrétienne.

Sans y chercher tant de finesse, puisque vous vouliez attaquer cette définition, il fallait, ce me semble, poser la question de la façon suivante :

Quel est le seul principe de certitude pour l'homme? c'est-à-dire quelle est la règle au moyen de laquelle l'homme pourra, soit dans l'ordre des choses visibles, soit dans l'ordre des choses invisibles, distinguer sûrement le vrai du faux, le juste de l'injuste?

Alors il vous serait peut-être revenu en mémoire que vous aviez proclamé la morale comme critérium universel, chose que vous oubliez trop souvent, et vous auriez pu penser que peut-être elle pourrait bien avoir affaire ici comme ailleurs.

Vous auriez vu alors : que cette morale nous commande à chaque instant une croyance absolue et sans examen à des choses que nous n'avons jamais vues, que nous ne verrons jamais, nos devoirs par exemple;

Que cette même morale nous prescrit chaque jour de sacrifier nos intérêts les plus chers, nos parents, nos amis, nos enfants, notre vie, pour un but complétement hors de la portée de nos sens;

Que cette morale elle-même est de l'ordre des choses invisibles, et que l'on ne peut rien faire pour la démontrer, sinon dire : J'y crois (1).

Au lieu de cette argumentation simple, et qui vous était commandée par le terrain même que vous aviez choisi, vous faites un appel à l'entendement sans penser que, l'entendement étant personnel, c'est en appeler à l'individualisme absolu, c'est-à dire à l'égoïsme; ce qui est la négation formelle de la morale et de la société.

Oui, monsieur, la foi est le fondement de ce que nous devons espérer et l'argument des choses invisibles.

Je suis fâché que vous ne compreniez pas cette définition; c'est peut-être le chef-d'œuvre du langage humain.

Oui, monsieur, sans la foi, pas de croyance en l'avenir que rien ne démontre et qui est invisible; par conséquent, pas d'espoir.

Sans la foi, pas d'amitié, pas de confiance, pas de lien social, pas de lien de famille, parce que toutes ces choses ne peuvent exister sans la confiance entière des individus les uns dans les autres. Or, la confiance, c'est la foi; c'est-à-dire la croyance en une chose invisible, l'amitié, la probité, la fidélité conjugale, etc.

Tenez, il y a un adage populaire qui vous fera parfaitement comprendre ce que c'est que la foi.

Les honnêtes gens sont confiants, dit-on habituel-

---

(1) Un exemple ne me sera pas difficile à trouver : vous instituez un journal, et vous déclarez dans votre premier numéro que la morale sera pour vous le *critérium* universel, c'est-à-dire la règle qui prouvera toutes choses...; fort bien; mais qui prouvera la règle?... la foi.

lement; et l'on a raison. Eh bien, c'est comme si l'on disait : Les honnêtes gens croient facilement aux choses
qu'ils ne voient pas ; c'est-à-dire ils ont de la foi.

La liberté, l'égalité, la fraternité, l'unité, sont des
choses parfaitement invisibles ; et cependant il y a des
gens qui y croient, puisqu'ils s'y dévouent. Ceux-là ont
de la foi. Ceux qui n'ont pas de foi leur rient au nez et
leur disent : Toutes ces belles choses que vous rêvez sont
autant de chimères qui jamais ne se réaliseront ; pour que
j'y crusse, il faudrait que je les visse ; et comme je ne
les vois pas, et que vous déclarez qu'il faut y croire sans
les voir, « *et sans qu'elles se révèlent à mon entendement,
soit d'une manière soit d'une autre, vous convenez implicitement et explicitement qu'elles n'ont pour base aucune
preuve certaine, et, par conséquent, qu'elles ne sont qu'erreur et mensonge.* »

Ces gens-là ne se dévouent à rien.

Passons maintenant à votre dernière assertion. Vous
dites : MM. Buchez et Roux ne se rappellent donc plus que
si la révolution a été faite, « c'est parce que les croyances du catholicisme avaient été foudroyées par les écrivains du 18ᵉ siècle. »

A votre place, monsieur, si vous voulez bien me permettre de vous donner un avis, je ne prendrais jamais ce
ton tranchant et décidé, quand il s'agit de la révolution
surtout, à l'égard des hommes dans les livres de qui vous
l'avez apprise.

Ces messieurs, du reste, pourraient vous réfuter, par
exemple, en vous renvoyant aux documents historiques
du temps, qui vous feront voir qu'en 89, 90, 91 et 92,
après chaque acte révolutionnaire important, la popula-
tion parisienne allait en procession, bannières en tête,
chanter des *Te Deum* pour remercier Dieu de la victoire
qui venait d'être remportée sur les ennemis du peuple.

Ces mêmes documents vous diraient que, pendant tout
le cours de la révolution, et tant qu'il fut permis de le
faire, la châsse de sainte Geneviève, patrone de Paris,
était assiégée de fidèles qui venaient y prier et y apporter
des ex-voto.

Ces mêmes documents vous apprendraient qu'en 1793

même, le peuple fit des émeutes redoutables, quand Hébert, qui était un homme fort, un homme d'esprit, un homme *intelligent*, voulut défendre de célébrer la messe de minuit le jour de Noël.

Il me semble qu'on pourrait résumer l'opinion de MM. Buchez et Roux sur la révolution de 89 à peu près de la manière suivante :

Quand la révolution éclata, ceux qui la voulaient étaient le peuple et les bourgeois.

Le peuple était catholique, et la preuve, c'est qu'il l'est encore.

Les bourgeois n'étaient pas catholiques; ils étaient élèves, les uns des matérialistes, les autres des déistes.

Les premiers passèrent au pouvoir, et le sentiment populaire se révolta contre leur dégoûtante immoralité et contre leurs principes désorganisateurs. Ils tombèrent sous le mépris public.

Ils furent remplacés par les déistes.

Ceux-ci étaient beaucoup plus honnêtes gens que les premiers : ils voulaient réformer la société par la morale.

Mais comme ils rejetaient la croyance qui, pour le peuple, était la base de la morale, le peuple ne les comprit plus; cependant, soit qu'il eût confiance en eux, soit qu'il ne sût plus en qui avoir confiance, il les laissa faire.

Mais, bientôt après, les jacobins eurent à poser la question entre eux et leurs adversaires de thermidor. Comme ils ne prêchaient l'unité et la morale sociale qu'au nom de leur propre individualité, ils sentirent parfaitement que, de ce point de vue, leurs adversaires avaient le droit de nier ce que eux, jacobins, affirmaient; l'hésitation les saisit; ils n'eurent plus foi en leurs principes, et ils périrent.

Si vous doutez de la vérité de ces assertions, lisez tous les documents relatifs aux journées de thermidor; lisez le discours que Robespierre prononça devant la Convention le 8; lisez sa conduite et celle de ses amis pendant les journées du 8 et du 9, et vous serez convaincu que c'est l'hésitation qui les a perdus.

Il s'agissait en effet de porter l'accusation capitale contre les scélérats qui avaient souillé la révolution par les massacres de Nantes, de Lyon, d'Arras, etc., etc., conlre la queue des hébertistes, les Tallien, les Carrier, les Fouché, les Barrère, les Collot-d'Herbois, etc., etc.

Or, il y avait beaucoup de ces gens-là qui passaient, à l'abri de leur titre de Montagnards, pour d'excellents patriotes. En outre, Robespierre, leur accusateur, sentait qu'ils avaient la majorité dans la Convention ; or, de quel droit la minorité pouvait-elle accuser la majorité, sinon au nom d'une autorité au-dessus de la majorité même ?

Sans aucun doute, si au lieu de dire à leurs adversaires nous vous accusons au nom de ce que nous, minorité, nous regardons comme le salut de la patrie, les chefs jacobins eussent dit, nous vous accusons au nom de la morale chrétienne que Dieu nous impose le devoir d'accomplir, toute hésitation eût cessé pour eux, le peuple eût compris, et le 9 thermidor n'eût pas eu lieu.

Donc, si c'est l'hésitation de Robespierre et de ses amis qui a perdu la révolution, et si la croyance au **christianisme** eût levé cette hésitation, la révolution eût été sauvée par cette croyance.

Voilà, si je ne me trompe, comment MM. Buchez et Roux expliquent le fait révolutionnaire (1).

Ils disent en outre : Il n'est pas donné à une loi humaine, par cela seul qu'elle se proclame humaine, de fonder les convictions irrécusables qui sont nécessaires pour finir la révolution française.

Et vous concluez de là que dès lors la souveraineté du peuple n'est plus qu'un vain mot!.. que les nations n'ont plus leur libre arbitre, etc., etc.

Mais, monsieur, où sommes-nous, et qu'est-ce pour vous que la langue française ?

Quoi ! si la morale vient de Dieu, elle annule le libre arbitre des nations et la souveraineté du peuple !

---

(1) Comment est-il possible de nier l'influence de l'éducation chrétienne, même sur les chefs de la révolution qui ont trouvé cette formule admirable :

Unité, indivisibilité de la république.

Liberté, égalité, fraternité ou la mort?

N'est-ce pas là la traduction littérale des paroles du Christ :

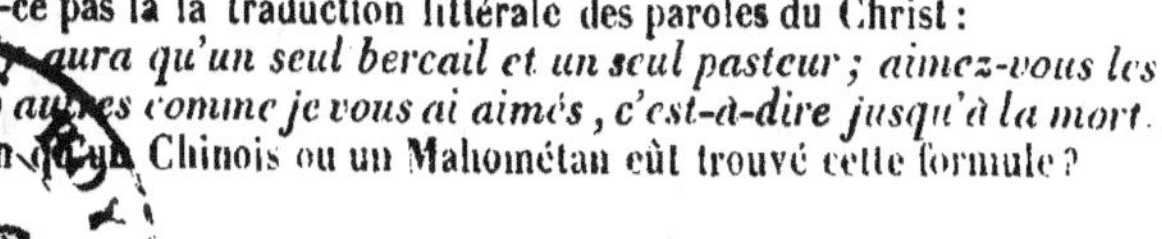

aura qu'un seul bercail et un seul pasteur ; aimez-vous les uns les autres comme je vous ai aimés, c'est-à-dire jusqu'à la mort. Croit-on qu'un Chinois ou un Mahométan eût trouvé cette formule ?

Mais qu'est-ce donc que le libre arbitre, sinon la faculté de choisir entre le bien et le mal? sinon la faculté d'obéir ou de ne pas obéir à la morale? En quoi donc la révélation de la morale détruit-elle cette faculté?

Le libre arbitre serait-il pour vous autre chose? serait-il, par exemple, la faculté de refuser l'obéissance à la morale, ou de la changer?

Mais alors qu'est-ce que devient la morale, et comment peut-elle juger les actes humains? que devient votre *critérium?*

Que la morale vienne des hommes, comme vous le supposez (1), ou qu'elle vienne de Dieu, vous êtes forcé de convenir qu'elle est obligatoire sous peine de ne plus être.

La souveraineté du peuple ne peut donc s'exercer jamais qu'en conformité de la loi morale; c'est à-dire que cette souveraineté donne au peuple le droit de tout faire, excepté ce que la morale défend.

Je dis qu'elle lui donne le droit; car la majorité a le pouvoir de transgresser les commandements de la morale; mais alors cette majorité fait le mal, et la minorité peut, au nom de cette morale, la rappeler à son devoir.

S'il n'en était pas ainsi, la majorité aurait toujours raison; et nous aurions tort de demander des réformes sociales; nous aurions tort de blâmer ce qu'ont fait toutes les majorités qui se sont succédé depuis 1789.

En dernière analyse, MM. Buchez et Roux ont posé des principes que vous avez acceptés; maintenant ils en déduisent des conséquences que vous n'acceptez pas.

Il y a donc erreur de part ou d'autre.

Or, ils ont développé leurs raisonnements dans vingt endroits de leurs livres. Montrez-nous donc où ils ségarent, montrez-nous où commence leur sophisme, et nous serons pour vous contre eux;

MAIS MONTREZ-NOUS LE SOPHISME!

---

(1) Vous me répondrez que vous regardez la morale comme divine, c'est-à-dire comme étant une chose dont le germe a été posé par Dieu dans l'humanité; que Jésus-Christ est venu, et qu'il a trouvé la loi de la fraternité, comme Newton a trouvé la loi générale des corps bruts; mais alors l'autorité de votre inventeur est nulle, et je trouverais fort étrange que Newton voulût que je me fisse couper le cou pour soutenir la vérité de son système.

Je crois avoir détruit votre compte-rendu pièce à pièce ; voyons l'ensemble de votre journal :

Comme je vous le faisais remarquer en commençant, votre titre est éminemment doctrinaire et fédéraliste, ce qui est synonyme. Voyons si l'enseignement que vous y faites est conforme à ce titre.

Et d'abord, qu'est-ce qui distingue une doctrine fédéraliste d'une doctrine unitaire ?

La doctrine fédéraliste pose l'individu au-dessus de la société ; la doctrine unitaire pose au contraire la société au-dessus de l'individu.

Par conséquent, toute doctrine qui regardera la satisfaction ou la conservation de l'individu comme le *but* de la société, ne considérera la société que comme *un moyen* de satisfaction pour l'individu ; elle mettra par cela même l'individu au-dessus de la société, et elle sera fédéraliste (1).

Or, 1°, dans votre numéro 4, en parlant de réorganisation de l'industrie, vous proposez une association dans laquelle (je cite vos expressions) *les capitalistes et les travailleurs mettraient en commun, les uns leurs capitaux, les autres leur labeur, pour le plus grand bien-être de tous.*

Le but de cette singulière association, entre les travail-

____

(1) La doctrine de l'unité exige que l'individu soit constamment sacrifié à la société.

En effet, la société ne peut exister qu'à la condition d'un but placé en dehors d'elle ; rien ne peut, rien ne doit empêcher sa marche vers ce but ; il faut souvent qu'elle lui sacrifie, non-seulement des hommes, mais des générations entières. Et comment le pourrait-elle faire, si son but était de conserver ces hommes et ces générations?

Si vous regardez les rouages d'une montre comme le moyen d'atteindre un but en dehors des rouages (le but de marquer l'heure), peu importe que ces rouages s'usent à marcher pourvu que le but soit atteint.

Mais si, au contraire, votre but est de conserver les rouages, il faudra mettre la montre au repos ; elle ne remplira plus le but de marquer l'heure, c'est-à-dire elle cessera d'exister comme montre.

Dans le premier cas, la montre est une unité ; dans le second, ce n'est plus qu'un assemblage de pièces qui se conserveront long-temps, mais qui n'auront plus aucun rapport entre elles ; chacune d'elles sera un individu distinct : ce sera le fédéralisme absolu.

leurs et les paresseux, est donc le plus grand bien-être
des travailleurs et des paresseux tout ensemble.

La société est donc pour chacun de ces hommes *un
moyen* de plus grand bien-être ; ils sont donc, eux, individus, le but de l'association ; ils sont donc au-dessus
d'elle.

Donc vous êtes fédéraliste.

2°. L'institution catholique, qui n'est pas parfaite, mais
qui, jusqu'à ce jour, est le modèle de toutes les institutions unitaires, dit :

Les membres de la société auront le droit d'examiner
et de peser tous les dogmes ; mais ils ne pourront eux-mê-
mes prêcher leurs opinions avant la décision de l'autorité
compétente.

Vous dites, vous, que c'est là une tyrannie, et que
chaque individu a le droit de protester contre la décision
de tous.

Vous posez donc l'individu au-dessus de la société.

Donc vous êtes fédéraliste.

Les protestants n'ont pas dit autre chose que ce que
vous dites ; ils ont soutenu le droit de libre examen, et
posé l'individu au-dessus de la société.

Aussi voyons-nous que tous les pays protestants sont fé-
déralistes.

Les seigneurs qui, au 16ᵉ siècle, voulaient se partager
la France en cercles unis par un lien fédéral, étaient protestants.

Les ligueurs, c'est-à-dire le peuple de Paris, de Lyon
de Toulouse, de Rouen et de toutes les campagnes qui
les ont combattus, et ont ainsi conservé l'unité nationale,
étaient catholiques.

3°. Votre cinquième numéro contient une lettre des
ouvriers de Londres à ceux des États-Unis d'Amérique.

Cette lettre, que vous qualifiez d'*admirable*, exprime
(je cite textuellement) « l'admiration des ouvriers de Londres pour *ces institutions républicaines conquises par la valeur, consolidées par la sagesse des Américains.* »

Est-ce clair ?

Les institutions américaines des institutions sages, grand
Dieu ! le fédéralisme fait chair ! l'égoïsme le plus éhonté,
la consécration de l'esclavage de l'homme, l'oppression

permanente des pauvres par les riches, des faibles par les forts!

Des institutions sages dans un pays où la libre concurrence (après laquelle vous criez si fort, et avec raison) est poussée à un degré de cynisme dont nous n'avons nulle idée; où la morale n'est qu'un vain mot, où une goutte de sang noir dans les veines d'un homme est une cause de proscription; où l'homme de couleur est sans cesse insulté, bafoué, avili, quoique la constitution le reconnaisse libre! où la séparation entre les noirs et les blancs se retrouve dans les écoles, dans les tribunaux, dans les hôpitaux et, chose étrange, jusque dans les cimetières! où le temple protestant est fermé aux noirs aux heures où les blancs s'y réunissent (1); où un mariage contracté entre un blanc et une femme de couleur est un arrêt de mort pour les deux conjoints et pour le prêtre qui les a unis; où la banqueroute et le vol sont si communs qu'ils ne sont plus des crimes!

Et vous citez cette adresse avec un éloge pompeux; vous la regardez comme *un hommage éclatant rendu à la république des Etats-Unis!*

Le pays des banqueroutiers et des marchands de chair humaine est pour vous le pays modèle!

Vous êtes donc fédéraliste.

Je pourrais multiplier encore mes citations; mais elles seraient surabondantes, et j'ai hâte, d'ailleurs, de terminer cette lettre déjà trop longue.

Je veux examiner rapidement votre impartialité de journaliste.

Je vous ai montré que :

1° Dans votre compte-rendu de l'introduction à la lecture des saints Évangiles par MM. Buchez et Roux, vous nous donniez une objection que Rousseau se pose en recherchant la vérité, pour sa conclusion dernière.

2° Dans ce même compte-rendu vous faites dire à ces messieurs ce qu'ils n'ont pas dit, et vous taisez ce qu'ils ont dit.

Ainsi, par exemple, ils veulent conserver l'institution

(1) Il n'y a aux États-Unis que les églises catholiques où les noirs ne soient pas séparés des blancs.

Catholique parce qu'ils y ont foi, et pour la raison que je vous ai dite plus haut ; mais ils demandent une réforme fondamentale du clergé qu'ils en distinguent avec soin, et accusent vivement le haut clergé en général de mauvais vouloir et de mauvaise foi, et le bas clergé d'ignorance.

Non-seulement vous n'avez pas dit ces choses, mais vous avez dit le contraire.

3° Vous savez, et tout le monde sait comme vous, la différence qu'il y a entre la doctrine politique de MM. Buchez et Roux et celle du clergé en général.

Vous avez essayé de prouver que cette différence est nulle.

4° Ces messieurs ont, dans leur travail, proposé une réforme industrielle qui aurait mis immédiatement vos lecteurs à même de juger entre eux et vous.

Vous n'en avez pas parlé.

Est-ce là de la bonne foi ?

Vous proclamez dans votre premier numéro la morale comme critérium universel ; puis, au lieu de juger toutes choses à sa lumière, vous proclamez ensuite que c'est tantôt la raison universelle, tantôt la science, tantôt Rousseau, tantôt M. Pierre Leroux, etc., etc., tantôt M. Laponneraye, qui sont ce même critérium.

Donc vous n'avez aucune doctrine ; donc êtes incapable de faire un enseignement profitable au peuple (1).

Votre numéro 3 contient la phrase suivante : « Ceux-là (les journaux hebdomadaires) s'adressent au peuple, *nature vierge sur laquelle la corruption et les vices des hautes classes ont glissé sans laisser d'empreinte.* »

Puis vous dites dans votre prospectus que votre but est

(1) Un exemple entre mille : Vous vous gendarmez de toutes vos forces contre la libre concurrence, puis vous qualifiez d'admirable la constitution américaine, qui a pour base unique la libre concurrence. Qu'en pensera votre lecteur ?

Un autre : Vous dites, le Christianisme n'est pas *fondamentalement* faux, et vous niez la divinité du Christ, sans laquelle le Christianisme n'existe plus.

Vous dites, ce même Christianisme contient des erreurs et des vérités. Où sont les erreurs ? Où sont les vérités ?

Je le répète, votre lecteur s'y perdra complétement.

de moraliser ce même peuple, et *d'inculquer la morale au cœur de tant d'hommes, qu'une mauvaise éducation a rendus vicieux et méchants* (je cite textuellement).

Laquelle croire de ces deux assertions contradictoires? Êtes-vous vous un flagorneur ou un étourdi?

Deux mots encore et je vais conclure :

Votre article sur MM. Buchez et Roux est d'une forme telle qu'on ne sait si les injures y sont dites à l'occasion de l'article, ou si l'article a été fait à l'occasion des injures.

Les injures ne prouvant rien, je ne m'en occuperai pas.

Mais il y a là quelque chose de bien plus grave.

Écoutez :

Vous dites que ces messieurs ont pour but de ressusciter les turpitudes du Catholicisme.

Vous dites qu'ils veulent faire rentrer la lumière sous le boisseau.

Vous dites, en vous adressant à eux : « Le progrès tel que vous l'entendez, c'est le progrès à reculons (1). »

Il était impossible de leur dire plus formellement : Vous êtes les ennemis de l'humanité, vous êtes de vils scélérats.

Eh bien, que penser de vous, monsieur, si je vous prouve que ces accusations si graves, vous n'y croyez pas, vous qui les portez?

Sans doute, si vous y croyiez, vous ne liriez pas les livres de ces hommes; vous ne liriez pas leurs journaux; car qu'apprendre dans les journaux et dans les livres d'hommes dignes du mépris public, et dont toutes les assertions sont des mensonges?

Vous ne les liriez pas : car qu'y a-t-il de commun entre un homme du progrès et des hommes qui veulent éteindre la lumière; entre un honnête homme comme vous et des tartuffes comme eux ?

Ou si vous les lisiez, ce serait pour les démasquer et les combattre. Or, non-seulement vous lisez tous leurs ouvrages, mais vous les copiez.

---

(1) Il n'est pas un homme au courant de ce qui se passe dans la science, qui ne sache, et M. Laponneraye ne l'ignore pas lui-même, que M. Buchez a publié un livre où il donne une formule du progrès, formule adoptée aujourd'hui par tous les savants.

Si vous les copiez, vous reconnaissez donc implicitement que leur travail est fait avec impartialité et conscience ;

Vous reconnaissez par conséquent que ce sont des hommes honnêtes et sincères ;

Vous reconnaissez, en un mot, dans votre numéro 2, que ce que vous dites dans votre numéro 4 est une calomnie.

La preuve de ce que j'avance est facile à fournir. Je reproduis ici votre article, *Du travail*, publié dans votre numéro 2, et je mets en regard l'article du journal l'*Européen*, rédigé en chef par M. Buchez. Il est d'une telle évidence que l'un est copié littéralement sur l'autre, que cette sorte de rapprochement pourra dessiller les yeux du lecteur le plus prévenu.

Européen, par MM. Buchez et Roux.	L'*Intelligence*, par M. Laponneraye.
N° 34. 27 juillet 1832.	N° 2. 7 octobre 1837.
Après quelques considérations préliminaires, l'*Européen* dit :	Après qulques considérations préliminaires, l'*Intelligence* dit :
Pendant la domination romaine dans les Gaules, l'industrie n'existe pas réllement ; l'esclave travaillait pour son maître, etc...	Chez les nations anciennes, les travailleurs étaient esclaves, etc.
Avec Louis XI commença une première période de constitution industrielle, etc...	Tout ce que nous savons, c'est qu'avant Louis XI..,
C'est en vertu d'un édit de juin 1467...	Louis XI, le premier, lui donna une existence politique par un édit de juin 1467...
Un roi des merciers avait été investi du droit d'admettre les nouveaux membres dans les corporations.	Le droit d'admettre de nouveaux membres dans ces corporations fut confié à un individu appelé *roi des merciers*.
François Ier ayant besoin de fonds pour subvenir aux dépenses de sa cour, ordonna, en 1539, etc.	En 1539, François Ier ayant besoin d'argent pour subvenir à ses folles dépenses, etc...
Un réglement, proposé par les gainiers au roi François II, et approuvé par lui en 1560, nous montre, etc. etc.	Pour montrer....... nous citerons un réglement proposé par les gainiers à François II, et que celui-ci approuva en 1560, etc., etc.
Ainsi chaque maître gainier ne pouvait prendre qu'un seul apprenti, qu'il devait garder six ans	Chaque gainier ne pouvait prendre qu'un seul apprenti, qu'il devait garder six ans au moins, et ce

ou moins, et ce n'était que pendant la sixième année qu'un second apprenti pouvait être admis dans sa boutique; les enfants du maître étaient seuls exceptés, etc., etc..

n'était que pendant la sixième année qu'un second apprenti pouvait être admis; les enfants du maître étaient seuls exceptés etc., etc...

Je ne pousserai pas plus loin ce parallèle. Le reste de votre article est copié paragraphe pour paragraphe dans l'*Européen* ; vous ne le nierez pas.

Et ne dites pas que c'est là une affaire littéraire et sans conséquence.

Il s'agit d'apprécier des faits historiques et des systèmes politiques : or, on ne peut les juger qu'à l'aide d'une doctrine. Le chrétien les jugera autrement que l'incrédule : le partisan de l'égalité autrement que le partisan du despotisme, etc.

Eh bien, qu'il s'agisse des faits, des hommes ou des systèmes, soit que le journal blâme, soit qu'il loue, vous louez ou vous blâmez avec lui.

Qu'est-ce que cela prouve? C'est que non-seulement vous acceptez la doctrine du journal, mais encore que vous avez confiance en la fidélité et en la capacité du rédacteur qui l'applique.

Vous regardez donc ce rédacteur comme un homme savant et honnête, et non comme un scélérat infâme.

Et cependant vous le traitez comme un scélérat infâme !... Le lecteur impartial vous jugera.

Cet article, monsieur, n'est pas, vous le savez, le seul emprunt que vous ayez fait à l'*Européen* et aux livres de la même doctrine.

Je pourrais vous citer bien d'autres passages que vous avez extraits textuellement des mêmes écrits.

Cependant vous ne l'avez dit nulle part.

Enfin, en d'autres occasions plus graves, vous vous êtes montré l'élève des mêmes hommes que vous attaquez.

C'est à leur école que vous avez appris que la morale est le critérium absolu.

C'est à leur école que vous avez appris que tout droit émane d'un devoir accompli.

Or, ces deux principes sont fondamentaux, et cette école les a formulés scientifiquement la première.

Vous avez bien fait de prendre ces idées; elles sont vraies.

Vous avez eu le tort de ne pas dire où vous les aviez prises.

Vous avez eu le tort d'attaquer avec violence les hommes que vous acceptez souvent pour vos maîtres.

Vous avez eu un tort plus grave, celui de mêler des doctrines contradictoires, d'entretenir, autant qu'il était en vous, la funeste confusion qui règne dans tous les esprits, et de retarder par là la séparation des bons d'avec les méchants.

CONCLUSION.

Pour résumer donc tout ce qui précède, je dis :

1°. La morale, la science, et la presque totalité du peuple français s'accordent pour admettre la divinité du Christ.

2°. Sans la foi aux choses invisibles, il ne peut y avoir ni espoir dans l'avenir, ni lien social (1).

3°. Le catholicisme conclut à l'unité, et le protestantisme au fédéralisme, ou à l'éclectisme, ou au doctrinarisme, ou au panthéisme, ou à l'égoïsme ; ce qui est synonyme (2).

(1) La foi est la marque de l'égalité. C'est elle qui dit au savant comme à l'ignorant, au faible comme au fort, au riche comme au pauvre : Courbe la tête, fier Sicambre!

(2) Beaucoup d'hommes animés de bons sentiments, j'aime à le reconnaître, ont une grande horreur pour le catholicisme. Cette haine est motivée, la plupart du temps, sur la conduite privée, et, avant tout, sur la conduite politique du clergé. Je leur ferai remarquer que les scélérats qui, de tout temps, ont pu déshonorer le saint ministère dont ils étaient investis, ne prouvent pas plus contre le catholicisme que les excès commis pendant la révolution ne prouvent contre la légitimité des réclamations du peuple.

D'autres personnes, et cela est plus étonnant encore, en veulent beaucoup au catholicisme, qu'elles accusent de former les hommes à l'esclavage, et d'être anti-progressif. Il n'est pas rare d'en trouver même qui disent : Je concevrais que vous fussiez chrétien, mais catholique! que n'êtes-vous plutôt protestant? C'est là une religion raisonnable et progressive! On ne veut pas éteindre les lumières là, on laisse à chacun la liberté de croire ce que sa conscience lui dicte, etc., etc.

Nous engageons ces personnes à lire un article publié par le *Semeur*, journal protestant méthodiste, à propos de l'introduction à la lecture des saints Évangiles, par MM. Buchez et Roux. Ce journal est rédigé par

Et c'est pour cela que nous sommes catholiques.

4°. La révolution française n'a pas été faite, comme vous le dites, en haine du christianisme ; mais, au contraire, elle a eu pour cause les sentiments chrétiens d'égalité et de fraternité qui animaient nos pères, les hommes du peuple, contre les incrédules et les hypocrites.

Quant à vous personnellement, monsieur,

J'ai montré, je pense, assez clairement que votre enseignement est fédéraliste ; que vous n'avez aucune doctrine, mais des caprices de doctrine ; que, pour vous donner la facile gloire de vaincre vos adversaires, vous les combattez trop souvent sur un terrain où ils ne se sont pas placés ; enfin, que vous avez eu le tort grave d'injurier, et, je suis forcé de dire le mot, de calomnier des hommes honorables après avoir tiré de leurs idées honneur et profit.

Monsieur,

J'ai fini cette longue lettre. C'était pour moi une tâche pénible de l'écrire ; car je sentais que j'avais à parler un langage sévère.

Le désir de faire connaître la vérité et de soutenir une croyance que je regarde comme le salut de la France et du monde, a seul pu me décider à prendre la plume.

Ce n'est donc point ici une guerre personnelle que je vous fais.

des hommes très-savants et très-bons logiciens. On verra là ce qu'on doit penser du prétendu progrès social prêché par Luther et Calvin, les pères de tous les protestants (1).

On y verra comment le protestantisme, partant de la souveraineté de l'individu, conclut à l'aristrocratie, et commande de préférer sa famille à sa nation et à l'humanité.

Que M. Lapouneraye lise cet article ; il verra que le principe de libre examen qu'il pose est le même que celui des méthodistes ; il verra les conséquences sociales monstrueuses, inouïes que savent en tirer les docteurs protestants, qui sont, nous sommes fâchés de le dire, des hommes très-savants, *très-intelligents*, et fort bons logiciens (Voir le *Semeur*, journal religieux, t. VI, n° 42, 18 octobre 1837, page 331).

D'autre part, pour connaître ce qu'il y a de social dans le catholicisme, qu'on lise cette introduction qui provoque si fort la colère du journaliste protestant, et qu'on juge.

(1) Il est bien entendu que nous ne parlons que des doctrines, et non des personnes.

S'il faut dire tou'e la vérité, la haine que j'ai témoignée contre vos doctrines ne s'étend point à votre personne.

Je vous crois plus léger que méchant.

J'ai voulu montrer les conséquences que la logique la plus vulgaire pouvait tirer de votre enseignement, mais je ne crois pas que vous fassiez sciemment le mal.

J'ai montré que vous manquez absolument de doctrine, non pour le vain plaisir de vous humilier, mais pour montrer jusqu'où le manque d'une doctrine arrêtée peut conduire un homme, même animé d'intentions pures.

Il est cependant un reproche grave dont je serais coupable d'atténuer l'effet :

Vous vous posez, pour enseigner le peuple. Que votre volonté soit bonne, je le croirai jusqu'à preuve du contraire; mais la bonne volonté ne suffit pas.

C'est là une tâche sainte dont les plus forts ne doivent se charger qu'en tremblant. Il faut que celui qui l'a entreprise sache que la moindre de ses paroles peut avoir des conséquences graves et causer des maux incalculables.

Il faut donc réunir à un dévouement absolu, à une méthode sure et invariable, une science solide et variée.

Je vous le dis avec franchise, parce que vous pouvez y porter remède; c'est là, je crois, ce qui vous manque.

Mettez la main sur votre cœur, et dites si vous n'avez pas péché par vanité; et la vanité peut tout perdre.

Elle a dicté l'article qui est cause de notre rupture; puisse-t-elle ne pas vous porter à mal accueillir ces conseils !

Paris, 7 novembre 1837.

H. BELLOC, Dr. Méd.